Kauft mehr Autos!

AF209138

für Pelin

wahrlich, wir leben in grotesken Zeiten
– und es stellt sich ernsthaft die Frage,
ob wir global verblöden
oder vor Ort noch lachen dürfen.

Kauft mehr Autos!

Grotesken, Reime und Satiren

von Jürgen Lehlbach

mit Illustrationen von

Mustafa Küçük-v. Grunewaldt

Das vorliegende Buch stellt sich den Herausforderungen der Globalisierung, die ungeahnte Möglichkeiten mit sich bringt (ein Österreicher wird Gouverneur in Kalifornien), aber auch Risiken in sich birgt („Der Waschbär, ein Kleinbär, erobert unsere Städte"). Zu überlegen ist, ob dabei nicht bestimmte Risiken abgedeckt werden können, beispielsweise durch eine „Gruppensterbegeldversicherung". Im Schneckentempo durchstreift das Buch das Tierreich, nähert sich dem DSL-Zeitalter und wirft dabei existentielle Fragen auf: Wie wirkt sich ein Minderwertigkeitskomplex auf einen Hamster aus? Was fange ich mit einer digitalen Klangkugel an? Bis schließlich des „Reimes Kante" erreicht wird und „Humorverlust" droht. Einige Anregungen entnahm ich Tageszeitungen, daher entstanden „Grotesken frisch aus der Presse."

Besonderer Dank für Kritik und Anregungen geht an Birgit Wiera und an Dieter Gorzejeska, mit dem ich „das Schneckenrennen" lese und dadurch die DDLQ (durchschnittliche deutsche Lachquote) erhöhe.

Die Karikaturen wurden von Mustafa Kücük – v. Gruenewaldt auf Grundlage der satirischen und grotesken Verse angefertigt. Der Designer und Karikaturist lebt und arbeitet in Wiesbaden. Seine Zeichnungen sind bereits in zahlreichen Zeitungen und Büchern veröffentlicht worden. Da die vorliegenden Gedichte geradezu nach Karikaturen „geschrien" haben, ergab sich eine gute Basis zum Brückenschlag zwischen den Genres und unserer Zusammenarbeit.

Heraus kam „Kauft mehr Autos!"

Jürgen Lehlbach

© 2005 Jürgen Lehlbach
Herstellung und Verlag: Books on Demand GmbH, Norderstedt
ISBN 3-8334-1914-8

Inhaltsverzeichnis

»Wenn Zeit Geld ist, dann ist Geschwindigkeit Macht.«
(P. Virilio)

Steigen Sie aus dem Geschwindigkeitswahn aus!

Den Transrapid den Chinesen!

Lang lebe unsere deutsche Schneckenpost

Sie beschleunigen

wir bremsen

die Zeit rast

wir verlangsamen

Der Fortschritt ist eine Schnecke
Die Schnecke das Symbol des Fortschritts

Schnecken- und Tiergedichte

Lob der Langsamkeit

Einst begab sich Schnecke Henriette aus Mülheim an der
Ruhr
auf eine Ausflugstour.
Wobei sie in der Nähe des Gartenzauns – weiter kam sie
noch nicht –
Gevatter Igel trifft, der zu ihr spricht:
»Nur voran, werte Base!
In dieser Richtung liegt die Straße,
die zu überqueren lohnt. Denn noch ein wenig weiter
sprießt Salat und duften Kräuter!«

Die Schnecke dankt für jenen Rat,
erblickt ein Ziel und kriecht zur Tat.
Sie hat bereits nach drei, vier Stunden
den Gartenzaun überwunden,
keucht jetzt zur Straße, ist schon matt
und sieht den Igel, der dort platt
auf der Fahrbahn liegt.
»Da hat wieder mal die Geschwindigkeit gesiegt«,
denkt sie, macht kehrt und singt von Zeit zu Zeit
ein Loblied auf die Langsamkeit.

Sind Schnecken wirklich langsam?
Poetische Versuchsanordnung: Wir schicken eine Schnecke
auf die Reise.

Die deutsche Schnecke

Eine Schnecke aus deutschem Schneckenhaus
wollte in die Welt hinaus.
Genauer: Sie wollte über Berlin nach Wien,
um dann noch in Paris durch den Arc de Triomphe zu
ziehn.
Mit viel Elan kriechend machte sie sich auf die Reise;
wobei sie nach drei Zentimetern schon keuchte
und ihr deuchte,
dass sie mit dieser Fortbewegungsweise
etwa dreitausend Jahre bräuchte.

Das war zuviel selbst für diese Schnecke.
Sie kehrte um an ihres Hauses nächster Ecke.

Schneckenrennen

Ich bin die Schnecke Clodewig aus der Gascogne,
komme aus edlem Rennschneckengestüt
mein Rennschneckentrainer ist Monsieur Vitesogne,
der züchtete erst mein heiß´ Geblüt.
Einst lockte er mich mit feinen Salaten und Kräutern
- ihr Duft zog ein, in mein Schneckenhaus.
Hier ist es gemütlich, wie soll ichs´ denn erläutern?
Ich überlegte sehr lang: Bleib ich drin? soll ich raus?
...Bleib ich drin, soll ich raus -
...und streckte erst mal...ganz vorsichtig die Fühler aus.
Dann sah ich das knackige Salatblatt
in kurzer Entfernung kroch los ...und erreichte es glatt
in einer Stunde, Mann was war ich dann aber satt!
Danach gab es noch eine Steigerung
von 10 cm. Das brachte mein Blut in Wallung:
Drei Stunden und neunzehn Minuten war meine Zeit,
dann das erste Schneckenrennen in Dijon, die Gelegenheit
mich zu bewähren. Meine Gegner zu dieser Stund:
Jean Piere aus Burgund,
Henriette aus Braband
und Michael aus Deutscheland.
Die Salatblätter waren auf des Tisches Rund
in großer Distanz von 15 cm ausgelegt
(für Euch mag das klingen wie ein Hohn,
für mich ist das ein Marathon),
ich war sehr, sehr aufgeregt.
Michael aus Deutschland war voll austrainiert
hat aus der Pool-Position heraus wie wild auf den Salat
gestiert.
Jean Piere ist bekanntlich ein Sprinter
und hat im vergangenen Winter
erst im Elsass ein Höhentraining absolviert

und auch nach eineinhalb Stunden (mit 5 mm) das Rennen
angeführt.
Zum Glück verzog er sich dann zum Mittagsschlaf in sein
Schneckenhaus,
schlief fest ein, war dann praktisch aus dem Rennen raus,
währenddessen ich fast immer wach blieb,
und das Publikum mich antrieb.
Ich war nach drei Stunden total platt,
wachte aber wieder auf, dachte nur an das Salatblatt,
...das Blatt, das Blatt, das Blatt
und gewann das Rennen, Mann wurde ich dann aber satt!

Blind-Schleich

Ein Reptil, genauer eine Schleich,
schlich durch Nieder- oder Oberösterreich
auf der Suche nach ihrer Base
orientierungslos entlang der Straße.

Sie betete, »dass ich das Ziel noch find,
denn ich arme Schleich bin völlig blind«.
Was einen Seh-Hund so sehr rührte,
dass er die blinde Schleich zur Tante führte.

Der Hamster

Ein Hamster fühlte sich zu klein,
blickte dann tief in sich hinein,
entdeckte dort den Tiger,
schon wähnt' er sich als Sieger.

Er pinselte Tigerstreifen schnell
in das flausch'ge Hamsterfell.
Sah dann aber mit Verdruss,
dass mehr Kraft ein Tiger haben muss.

Er verwandelte die Hamsterstube
flugs in eine »Muckibude«.
Seitdem er schritt zu dieser Tat,
dreht er sich noch im Hamsterrad.

So geht es vielen kleinen Tieren,
die zu Tigern woll'n mutieren.

Zikadentournee

Eine Zikade aus Griechenland
im Heimatort Tristesse empfand;
da sie sich als Musikant
und Künstler fühlt' verkannt,
ergab sie sich dem fernen Weh
und reist' nach Deutschland auf Tournee.
Schnell fand sie in Rüdesheim Verwandte,
Grillen -Neffen, -Onkel, -Tante,
die dort, wo fließt der Vater Rhein,
so leben in den Tag hinein.
Hier gab die Griechin ein Konzert –
das schon war die Reise wert
und für die Grillen schön und labend
wie noch nie an einem Sommerabend.

Seit dem Besuch von ihrer Base
tanzen sie Sirtaki auf der Straße.

Ludewig, der Kater

Prinzessin Adelheid von Bingen
erhielt als Geschenk von ihrem Vater
Ludewig, den edlen Kater,
und liebte ihn vor allen Dingen.

Da die Prinzessin schön und teuer,
kamen zum Schloss schon viele Freier,
die sie zum königlichen Verdruss
leider abweisen muss.

Im Dezember war's, es fiel schon Schnee,
da erschien ihr eine holde Fee.
Die spricht: »Sei nicht traurig, einerlei,
einen Wunsch geb ich dir frei.«

Adelheid sagt': »Hab ich die Wahl,
will ich Ludewig zum Prinzgemahl.«
Sterne funkeln,
»plinz, plinz, plinz«,
vor ihr stand Ludewig,
ein schöner Prinz.

Der sprach: »Liebste,
so sehr du dich jetzt
auch freust,
diesen Schritt
du bald bereust.
Denn einst erging es mir
wie so vielen Tieren,
die ihr Menschen
lasst kastrieren.«

Zwei Fliegen

Zwei Fliegen gerieten in ihrer Urlaubszeit
in heftigen Streit,
welches das Ziel ihrer Reise sei. In jedem Fall Flandern:
Dort wollte die eine hoch über Brügge wandern –
die andere bevorzugte ein Gasthaus in Gent,
da man die Pasteten bestens kennt.

(Ihr Streit kostete zu viel Zeit.)
Sie kamen nur bis Karben,
wo die Eintagsfliegen starben.

Der stolze Pfau

In Petersburg vor der Eremitage
schlägt der stolze Pfau ein Rad zur Schau.
Er erwartet große Gage.
Der Pfau steht so zwei Tage da,
vor Hunger knurrt ihm der Magen,
und hofft: »Kommt erst der große Zar,
werd ich schon nicht mehr darben.«
(Ringsherum picken hungrige Tauben
den Abfall vom Boden.
Der Pfau sieht es mit gierigen Augen,
doch sein Stolz hat ihm derlei verboten.)

Am vierten Tag starb der Pfau
vor der Eremitage.
Sein Federkleid hat weggekehrt
Igor, des Zaren Page.

Der Luftikus

In einem Tierpark lebt
direkt neben dem nepalesischen Wolkenstier
der steirische Luftikus; genauer er schwebt.
Er ist ein Schwebetier.
Während das Publikum vor dem Gitterstab verharrt
und suchend in die Leere starrt,
schwebt er elegant und unsichtbar durch die Luft.
Nur wer dort länger steht,
riecht dann, wenn ein Lüftchen durchs Gehege weht,
seinen süß-sauren Duft.

Von der Nutzung trojanischer Pferde

Nicht jeder, der sich in einem trojanischen Pferd versteckt
hält,
gleicht dem listigen Odysseus.
Auch Idioten befinden sich in trojanischen Pferden.
Doch früher oder später entlarven sie sich durch deren
falsche Nutzung:
Sie versuchen auf ihnen zu reiten.

Pferdewechsel 1

Wer während des Rennens
das Pferd wechselt,
darf sich nicht wundern,
dass nicht jenes zuerst in das Ziel gelangt,
auf das er zuvor gesetzt hatte.

Pferdewechsel 2

Schon manch einer bereute an einem steilen Hang,
zuvor seinen Esel
gegen ein Rennpferd eingetauscht zu haben.

Lob der Gelassenheit

Ein alter Kater, der das Leben kannte,
dachte an die Zeit, da noch der Ehrgeiz brannte:
Man jagt die Maus,
kämpft um sein Revier,
schreibt ein Brevier,
füttert eine jede Laus,
macht so manchem Vogel den Garaus
und den Katzen den Galan,
faucht dann noch die Hunde an.

Man jagt, man kämpft, man hetzt, man rennt
zum nächsten Ziel, da man im Alter erst erkennt,
wenn man mit stumpfen Krallen auf dem Sofa liegt,
wie leicht das Leben wiegt.
So gibt das Alter uns die Zeit,
zu loben die Gelassenheit.

Lob der Beharrlichkeit

Ein alter Wurm,
der in der dunklen Erde lebt,
übersteht den Sturm,
der droben bebt
und all das zerfetzt,
was mühsam aufgebaut.
Auch wenn er sonst sich wenig traut,
bleibt er in seinem Loch doch unverletzt.

Er denkt: Nach dem Orkan kommt auch noch meine Zeit.
Es wächst das Grün, ein Lob sei der Beharrlichkeit.

Bär und Hase

Durch den Wald trottet Petz, der Bär.
Doch der Hunger schmerzt ihn sehr.
Da wittert seine feine Nase
die Fährte Karls, das ist ein Hase.
Petz weiß, er kann ihn nicht erjagen,
flink die Hasen schlagen Haken.
Die Jagd brächte also kein' Gewinn –
es sei, dass er eine List ersinn'.
Also schmiedet er den Plan,
trifft den Hasen, spricht ihn an:
»Du Schwuchtel, Feigling, Mümmelmann!
Nimm diesen Fehdehandschuh auf!
Sonst schützt dich nur ein schneller Lauf.«
Der Angriff auf des Hasen Ehre
will, dass dieser sich (vergeblich) wehre.
Um ihn weiter noch zu bluffen,
überlässt er ihm die Wahl der Waffen.
Karl antwortet stolz wie Karl der Große:
»Petz, ich hol dich aus der Hose …
einen Wettlauf will ich zum Duell.«
Sagt's noch und verschwindet schnell.

Das Beispiel zeigt, dass klug der Has
und weis wie einst Pythagoras.
Meist geht es gar nicht um die Ehre.
Frag: »Verlier ich's Fell, wenn ich mich wehre?«

Der philosophische Pudel

Pudel Wilhelm erhielt Einzelunterricht
in einer Hundeschule, wo gefördert
wurden jene guten Sitten, an denen es so manchem Köter
gebricht.
Daher wurden mit ihm auch diverse Philosophen erörtert.

Wilhelm entwickelte über Lektüre und Diskurs
einen ungeheuren Wissensdurst
und fand über Platon, Hegel und Morgenstern
endlich zu des Pudels Kern.

Was ihn dergestalt erhellte,
dass er fortan nur noch den Mond anbellte.

Lama-Drama

Ein Dromedar aus dem reichen Bahrain
zog in das Tiergehege ein.
Dort traf es ein Lama aus Peru,
das fragte gleich: »Wer bist denn du?«
Das Dromedar belesen war
und daher kannte seinen Brehm,
erwiderte: »Angenehm,
ich stelle zwar
Verwandtschaft dritten Grades dar,
bin jedoch im Vergleich zu dir
ein sehr viel vornehmeres Tier.«

Da biss das Lama in seinen mondänen Po,
und so begann im Opel-Zoo
ein Drama
zwischen Dromedar und Lama.

Der Zeitgeistheld

Zack, der Zeitgeistheld

Die Bühne frei, den Geist der Welt
entdeckt nun Zack, ein Zeitgeistheld.
Der denkt: »Der Fortschritt ist ein schwierig Feld:
Mal rast er toll, mal schmeckt er schal,
ich folge ihm jetzt ganz global –
und leb doch auf 'nem andern Stern,
in modernen Zeiten, les temps modernes.«

Singap-uhr

Früher lebte Mensch doch nur
nach dem Rhythmus der Natur.
Später feste Arbeitszeiten
seinen Tagesablauf leiten.

»... Flexibel sein ist heut Devise,
selbst die Zeit steckt in der Krise«,
denkt Zack, der liegt jetzt meist im Bett
mit dem PC nebst Internet.

Wird umgestellt die deutsche Uhr
wegen Winterzeit, stellt er sich stur
und surft nach Südostasien schnell,
lebt in Singapur nun, virtuell.

Drum stellt er seine eigne Uhr
nach Ortszeit jetzt ... in Sinagp-uhr.

Verwenden Sie schon …

SMS
MMS
UMTS
CD
DVD
MP3
SKY-DSL
SSL-Verschlüsselung
wireless lan
High-end-Server

Haben Sie schon alles, was Sie nicht brauchen?

Oder benötigen Sie noch …

Die digitale Klangkugel

Zack wollte kein Fortschrittsmuffel sein
und bestellte sie daher *online.*

So wurde er zwar um zwei Megabit *Jazzspeicher*
und einen Pop-3-Server reicher.
Doch entweder lag es am *Breitband-Router*
oder am *Cordless-Bebop-Counter,*
mit dessen Ländercode Zack noch rang –
die Klangkugel erbrachte einfach keinen Klang.

Er konnte tun und lassen, was er wollte:
Die Klangkugel erklang nur dann …
                    … wenn er sie rollte.

Was man wirklich braucht:

Eine obere Heftklammerverwaltungsbehörde

Eine Motorklobürste

Ein elektrisches Nacktschneckenexekutiergerät

Eine Vierfach-Handy-Trageweste mit Knopf-Anrufleuchten

Ein Luftmatratzenset mit Satellitennavigationssystem

Ein Holzschaukelpferd mit Airbag

Einen Make-up-Spiegel mit Fältchenscanner

Ein digitales Gesichtsbügeleisen

Schlittenhunderennparcours in der Sahara

Beachvolleyballfelder in der Antarktis

Rennschneckentrainer

Hund-Katz-Mediatoren

Tiefenpsychologen für Kleinnagetiere

Röhrenradio

Wer es mit dem Zeitgeist hält,
läuft virtuell durch diese Welt
mit MP3, DVD und DSL,
hat ein Giga-Her(t)z, ist megaschnell.
Er will digital sehen, schmecken, hören –
nicht so Zack, der steht auf Röhrenradios. Die sind ihm ein besonderer Genuss
im digitalen Zeitverdruss.

Besonders dann, wenn er drei Röhrenradios nebeneinander
auf Sender stellt
und erklingen hört Dvořáks Sinfonie *»Aus der neuen Welt«*.

Zack als moderner Don Quijote

Zack wollte wie weiland Don Quijote
gegen Windmühlen kämpfen
und baute daher aus Schrott
eine Ritterrüstung, um der Feinde Schläge abzudämpfen,
die, wie schon Cervantes schrieb, furchtbar seien.
Den Sieg wollte er seiner Edeltraud weihen.

Zack fuhr mit Rosinante, seiner alten Mähre,
nach Wenigerath zu einer Waldeslichtung,
wo sodann ein Energiepark wäre.
Da standen sie nun, in Feindesrichtung
die Riesen, betongegossen, turmhoch gen Himmel ragend
und wild mit mächtigen Armen um sich schlagend.

Mit den Riesen Arm in Arm zu ringen
wollte ihm aufgrund ihrer Höhe nicht gelingen.
Auch mit Schrottlanze und Leiter
kam er im Kampf nicht weiter.
Also nahm er einen Betonbohrer zur Hand,
bohrte zwei Löcher in den unteren Rand.
Wonach er nach zwei Tagen erst, noch bevor es ihm vergällte,
einen Feind überwand, beziehungsweise fällte.

Der Fluchplatz

Zack wollte von Düsseldorf nach Bremen
gerne mal ein Flugzeug nehmen.
Weil sein Auto sich verfuhr,
fand er einen Fluchplatz nur.

Was ihn so sehr verwirrte,
wie gründlich er sich diesmal irrte,
wo er den Flug zuvor schon buchte,
nutzte er den Platz und fluchte:

»Sakrament und Rattengall,
Krötenschiss und Dummgeschwall!
Satanseiter, Affenrotze,
Rattenpisse, Katzenkotze!«

Zwar konnte Zack nun nicht
nach Bremen fliegen
und auch sonst keinen
Höhepunkt mehr kriegen.
Doch was durchs Fluchen
er erreicht hat:
Er fühlt sich besser und
sogar erleichtert.

Kauft mehr Autos!

Unverhofft in diesen Zeiten
trifft das Land die Wirtschaftskrise,
Absatzflauten, Firmenpleiten
erfordern Taten wie jetzt diese:
»Bürger, kauft mehr Autos!«
Dies, vom Kanzler angeregt,
Zack doch tief im Herz bewegt.
Ob Audi, Porsche, einerlei,
Zack kauft gleich deren drei.
Schöpft dafür alle Kredite aus,
streicht den Plan vom eignen Haus,
kocht das Essen aus der Dose,
verzichtet auf die neue Hose.

Jetzt stehen vor der Türe drei Karossen,
die gehören Zack, der nun unverdrossen
mal in jenem, mal in diesem Auto sitzt, ohne zu fahren,
denn für das Benzin muss er noch sparen.

Urlaubsplanung

Zack plante eine Urlaubsreise,
unklar noch das Reiseziel:
Ob er auf diese oder jene Weise
fährt nach Tunis oder Kiel.

»In Tunis ist´s zwar heiß,
doch danach zahl ich den Preis«,
fürchtet Zack, dass er sehr fröre,
nämlich wenn er heimkehre.
In Kiel hingegen, Zack jetzt deucht,
ist´s im Winter kalt und feucht.

Da Zack im inneren Konflikt noch
auf einem weiten Spaziergang
mit sich um die Entscheidung rang,
gelangte er in den Ort »Sörgenloch«.
Dort schien gerade mal die Sonne.
Zack setzte sich auf eine Bank,
dachte mit Wonne an den Diogenes in der Tonne.
Blieb, zog einen Kreis und seufzte »Gott sei Dank«.

Inneres Kind

Ein Seminar des Bundes für natürliche Lebensweise
lockte Zack in esoterische Kreise.
Denn man schlägt ein Angebot nicht einfach in den Wind,
da es heißt: » *Wir arbeiten an unserem inneren Kind.*«
Neugierig, wie man das macht,
wählt Zack die Altersgruppe acht,
wo man im geschützten Raum
Dinge tun darf, die man mit vierzig kaum
noch wagt:
einen Legoturm bauen,
der zur Decke ragt,
Daumen lutschen, Nägel kauen.

Was am Anfang noch ein Spiel,
Zack dann doch zu gut gefiel.
Jeder Vorsatz war perdu,
da hat sie ihn, die Neu-Manie.
Mit der er fortan stets aneckte,
wo er doch nur das innere Kind in sich entdeckte.

Die Gruppensterbegeldversicherung

Zack erhielt zu seiner größten Überraschung
von der Hauspost zugestellt
das Angebot einer Gruppensterbegeldversicherung.
Gefragt, was er von einem Abschluss hält,
wägt er ab und gibt zu Protokoll, was das Ganze soll,
bevor er eine Entscheidung fällt:
Bei der Gruppensterbegeldversicherung verhält es sich anders als bei der Rente,
denn die Ausschüttung des Geldbetrages erfolgt erst ganz am Ende.
Bei der Gruppensterbegeldversicherung ist weiterhin zu beachten,
dass der Sterbende kein Geld erhält. Ist er aber verstorben,
ist der Nießnutz des Geldes ihm mit Eintritt des Todes schon verdorben,
so dass ein naher Angehöriger, den man vor dem Tode schon bedenkt,
den vollen Gruppensterbegeldbetrag erhält, also quasi geschenkt.

Wobei sich nur noch die Frage stellt, gewissermaßen als Salz in dieser allerletzten Suppe:
Wie, wo und wann sterbe ich – und mit welcher Gruppe?

Lebensgefährlich

Ob Kneipp, ob Jahn,
ob Asbest, ob Wahn,
das Leben bleibt
lebensgefährlich.
Ob Saunen, ob Laufen,
ob Beten, ob Saufen,
es endet immer wieder
tödlich.

Die richtigen Klingeltöne

Bring dich nicht in Verlegenheit,
stell dein Handy ein auf jede Begebenheit....

Zum Abendmahl mit dem Kelch Wein,
wenn erklingen die Motetten
und alle gern Besinnung hätten,
lass erklingen: »... *einer geht noch rein* ...«

Treibst du im Bett grad Liebesspiele,
bereichert den Höhepunkt der Gefühle
ein Klingelton
von *Mendelssohn.*

Auch noch jeder philosoph'sche Vortrag
vom »An-sich-Für-sich-An-für-sich-nicht«
wird erst vertieft und kommt ans Licht
mit dem bekannten »*So ein Tag* ...«.

Und sitzt du grad mal im Theater
mit der Shakespeare-Compagnie,
ermordet wird grad Hamlets Vater,
passt Sinatras »*Never forget me*«.

Bedenke auch die Trauerhalle,
denn auch hier
herrscht große Not,
der Familie Trost zu
spenden, in diesem Falle
mit »*Spiele mir das Lied
vom Tod*«.

Die Zeit rast jetzt mit DSL,
vergeht so leider viel zu schnell.

Wir leben in finsteren Zeiten

Wir leben in finsteren Zeiten

»Jedermann sein eigner Fußball«
(Dada-Halbmonatsschrift, 15.2.1919)

Wir leben in der Post-Moderne

  Post-Industrial

    Postfilialen schließen

Wir leben im Post-Postzeitalter

Und der Waschbär, ein Kleinbär, erobert unsre Städte

Waschbär

Der Vortrag »*Der Waschbär – ein Kleinbär erobert unsere Städte*«
im hessischen Landtag fand mein Interesse, weil er uns bestätigt hätte:
»Den Gefahren muss man ins Auge schauen.«
So lief ich, um mich gleich hineinzutrauen,
zum Plenarsaal und blieb an dessen Schwelle stehen:
Dort war kein Referent ... und auch sonst kein Mensch zu sehen.

Stattdessen eroberte bereits der Waschbär diese Stätte,
da er hier schmutzige Wäsche zu waschen hätte.

Rezept zur Gründung einer Ich-AG

1. Trifft dich in der Krisenzeit
die Arbeitslosigkeit,
beherzige die Idee
zur Gründung einer Ich-AG.

2. Wähle als neues Logo
der Ich-AG dein starkes Ego.

3. Prüfe nun für dich,
was an inneren Werten lässt sich handeln
und was am Menschen an und für sich
ist in Tauschwert umzuwandeln.

4. Mache dich sodann mit dem Marktstand auf die Reise,
verkaufe Barmherzigkeit scheibchenweise,
Weisheit in Tüten fein verpackt
und Menschenwürde klein gehackt.

Der geizige Koch

So manches Haus erwirbt sich Glanz
durch kulinarische Konkordanz.
Wo erkochte ein Maître 'nen ersten Stern,
kommen auch die Gäste aus nah und fern.

Aber manchmal geht's auch in die Hose,
wie mit dem Jungkoch von der »Rose«.
Sein Interesse galt mehr dem Interieur.
Der wahre Könner? Vielleicht sein Friseur!

Als er den Chefkochlöffel erheischte,
zunächst sein Personal erbleichte.
Er verkündete: »Geiz ist jetzt an der Macht
und ihr müsst schuften Tag und Nacht!

Schon beim Einkauf sparen wir jetzt viel Geld,
sammeln die Zutaten selbst ein – frisch vom Feld!
Sammeln alles ein, auch alte Ähren, Würmer, Spinnen,
verschmähen selbst Steine nicht, Geiz wird gewinnen!«

Die Karte wurde jetzt umgestaltet,
D-Mark-Preise glatt in Euros umgewandelt.
Dafür gab's jetzt: »Studentensupp à la Kotz de Flor«
und »hessisches Feldschneckenfilet, garniert mit einem
Eselsohr«.

Der Clou war aber sein Beuys-Borschtsch mit Blutwurst aus
der Vitrine,
zubereitet mit Blockfett und dem Saft einer ganzen
Apfelsine.
Draußen stand: »Bezahlt wird hier bar oder mit Creditcard.
Besuch von Bettlern und Schuldnern bleibe uns erspart.«

Schnell kam das Unheil über dieses Haus,
mit Magenproblemen blieben die Gäste aus.
Der Jungkoch, der einst errang diesen Pyrrhussieg,
übt sich jetzt – wo noch gleich? In der Politik …!

… und wer Muskeln hat und aus Österreich stammt, kann
auch Gouverneur in Kalifornien werden

Wie der Stier Gouverneur wurde

Auf einer Alm graste einst ein Stier,
zwar noch klein und schmächtig, doch fraß er viel Gras
(man ahnt, welche Kraft in diesen Halmen saß)
und wuchs so heran zu einem stattlich Tier.
Jedoch ward sein Ideal an Muskelkraft
noch nicht geschafft – der Universumsstier stehe hier zum Vergleich –,
und dass er dies auch noch erreich',
wurden sogleich Kraftgeräte angeschafft.
Der Stier stieß Steine, wuchtete Tonnen,
schuftete, schwitzte, fraß Anabolika,
bis man nur noch Muskelberge sah,
und hat so den Universumsstierpreis gewonnen.
Dann hat man neue Pläne für ihn ersonnen:
Er wurde nochmals preisgekrönt, viel fotografiert,
durfte auch mal decken – und wurde nach Hollywood chauffiert.
Dort hat man ihn für Filmrollen gewonnen.
In Amerika und Europa hat man über unseren Stier jubiliert.
Der wurde dennoch traurig und stumm,
dachte: »Bin ich nicht ein wenig dumm?
Mit viel Geist hab ich noch nicht brilliert …«,
und hat dann eine neue Rolle ausprobiert.
Und ich schwör:
Amerika ist das Land der unbegrenzten Möglichkeiten!
Hier wird man nur mit anatomischen Eigenheiten
und als intellektueller Amateur … Gouverneur.

Grotesken frisch aus der Presse

»Fische leiden in der Disco«

Die Frankfurter Rundschau
titelte so
am 11. Dezember 2003, und ich denk:
»Da schau mal her,
machen jetzt selbst Tanzlokale Fischen das Leben schwer.«
Da meinte ein jeder, Fische seien stumm,
doch das ist falsch und dumm –
Fische kommunizieren und haben ein Gehör,
nehmen Schallwellen wahr, pro Sekunde 10.000 Hertz,
empfinden Techno-Wellen hingegen als Schmerz.

Appell der Fische an die Discobesucher:
Lieber Discobesucher, tanz doch lieber mit den Mädchen
und konsumiere uns in der Disco nur als Stäbchen.

»Fische leiden in der Disco«, Frankfurter Rundschau, 11.12.2003

Eichhorn

In der Presse stehen keine Sagen.
Als ich las: »*Eichhörnchen fiel Kind an*«,
stellten sich folgende Fragen:
Was trieb das Tier zu dieser Misshandlung?
War etwa ein Schmerz
in seinem Herz
oder in seinem Fuß ein Dorn?
Traf es vielleicht eine Missachtung
oder trieb es die Gier in den Zorn?
In jedem Falle bleibt uns diese Lehre:
Achte auch des kleinen Tieres Ehre –
und nenne es nicht mehr Eichhörnchen,
      … sondern Eichhorn.

Fliegende Möpse in Wohnungsnot
(Frankfurter Rundschau, 7.4.2004)

Fliegende Möpse suchen ein Zuhaus,
den Mopsfledermäusen geht der Wohnraum aus!

Sie nisten gerne hinter Fassadenverkleidungen und Gebäudespalten.
Diese wurden zugespachtelt, keine Zuflucht blieb so erhalten.
Sie brauchen im Sommer viel Ruhe für die Aufzucht ihrer Brut,
auch bekommt ihnen hohe Luftfeuchtigkeit besonders gut.
Doch wo sollen sie jetzt hin?
Vielleicht ins Adlon nach Berlin?

Ist bei euch wenigstens noch ein Kellerloch frei?
Obdachlosigkeit ist für Menschen wie Mopsfledermäuse
eine Sauerei!

Beinah-Zusammenstoß mit Seehas

»Beinah-Zusammenstoß mit Seehas«,
als ich dies in der Konstanzer Zeitung las,
erschrak ich heftig, denn:
Normalerweise sitzt der Seehas
in sich gekauert im Ufergras und macht
Zen-Meditation im Bodenseeraum.
Ansonsten bewegt er sich kaum.

Der bissige Hase

»Hase beißt Hobby-Jäger«,
schrieb das Wiesbadener Tageblatt am 24. Mai.
Da mach ich mir Gedanken. Auch ich bin so frei:
Das Ganze geschah im tiefen Gras,
dort, wo der Hase eigentlich immer saß –
in der Nähe der Stadt Celle.
Der Hase saß dort an des dritten Lebensabschnitts
Schwelle.
Es trat ihn gewissermaßen mitten in die Midlife-Krise
des Jägers Schuh auf dieser Wiese,
in den er sich sodann verbiss.
Dass er den Mann nicht auch noch riss,
war sein Glück. Doch dessen sei gewiss:
Willst du zur Hobbyjagd auf Kleingetier,
meide diese Wiese. Sie ist des Hasen Jagdrevier.

»Deutschland sucht den Suppenstar«

(Wiesbadener Kurier)

So mancher machte sich auf die Reise
ins Städtchen Görlitz an der Neiße.

Denn wie überall zu lesen war:
Ganz Deutschland sucht den Suppenstar.

So auch M. Berger,
der bekannte Fluxist
und Suppenspezialist.

Herr Berger kommt aus Witzbaden,
führt hier einen Humorartikelladen.

Er sammelt Kunst von Josef Beuys,
pflegt Kontakte zu Chefkoch Zeus.

Berger kochte in Görlitz mit viel Finesse
den Beuys-Borschtsch,
eine Suppendelikatesse.

Mit Blockfett und Blutwurst
aus der Vitrine,
Hirschgeweihgewürz, dem Saft einer Apfelsine.

Gegessen wurde wahlweise mit Gabel
oder Löffel,
jeder Gast bekam daher einen Göffel.

Den Juroren war schon nach dem ersten Kosten klar:
Berger ist Deutschlands neuer Suppenstar.

Sie verlangsamen
wir beschleunigen
Die Schnecke kriecht auf der Kriechspur
wir befinden uns auf der Datenautobahn
Der Reim wiederholt
wir überholen jetzt

Humor wird gestrichen
Wir bekommen
Humorverlust
Reimverbot

Wortbulimie

wortbulimie

das erste wort kam dem neandertal –
zermahlen zwischen kiefer gaumen und zunge
krachte es zu boden
ergoss sich mit   flies fleis und flus
über sag und fab   lug und trug   über die erd
lärmte und peitschte in   epos   mär fibel fabel und bibel
ward bald schriftlich wort   dass es so sauste und brauste
bis minnegedicht   und novell gerieten
                         die fernseher krischen
   politiker   sich hieben
                              wie im krieg
dann kam die
                    wortsteuer
ein cent gesprochen   drei cent geschrieben wort
so dass ich die   neu krankheit   bekam
      wortbulimie
verschling dich   spuck dich aus
und verschling dich wieder

Des Reimes Kante

Der Dichter, ein wenig ausgebrannt,
nahm Stift und Blatt Papier zur Hand.
Holte aus dem Alphabet
ein großes A
und schickte eine
A-meise
durch den Reim auf die Reise.
Die gewann so Selbstvertrauen,
schon wagte sie sich umzuschauen,
krabbelte bald flink und
elegant,
wobei sie Bücherberge überwand.
Gerade tanzt sie noch und mimt die Grille,
doch dann ein Schreck, es wurde stille.
Geraten war sie auf des Reimes
harte Kante,
worauf den Abgrund sie erkannte.
Sah Kerberos, den Höllenhund,
begierig öffnen seinen Schlund.
Wie's endete, erfährst du nie,
das weiß nur Kerberos und
… der Horror vacui.

Das Loch

Ein Poet will vor allen Dingen
Schönheiten der Natur besingen.
Rosen, Myrten, hübsche Frauen,
die lohnen näher hinzuschauen.

Eines Tags fragte er doch:
Wie beschreib ich denn ein Loch?
Wie schreib ich ein Gedicht
von dem, was ist – und ist auch nicht,
das man nicht fühlt, das man nicht riecht,
in das man allenfalls kriecht?

»Ich finde die Beschreibung noch!«,
so lautete des Dichters Schwur.
Er griff jetzt in die Tastatur
und fand dann doch das
　　　　　o

Wer war Hagen zu Frohnutz?

War Hagen ein Pseudonym?
Blieb der Verfasser anonym?

War er ein Wanderer zwischen Welten,
der kannte Römer, Griechen, Kelten?

Oder ein Kenner der Kulturen,
Freund der Dichter, Sammelsuren?

Blieb er auf dem Boden haften?
War er ein Mann mit Eigenschaften?

War es ein Freund, war's ein Bekannter,
ein Post- oder Finanzbeamter?

Hatte er die Priester schikaniert?
Wurde er exkommuniziert?

Bekam er den gerechten Lohn?
Das Lästermaul, der Hurensohn!

Fragen an den Dichter Hagen zu Frohnutz:

Sag an
du niesnutziger Natz,
sind die missmutige Hatz,
die Wiesenwutz und der Umweltschutz,
alles für die Katz?
Was sucht der Binturong
in Ilses Frisiersalon
und wieso sitzt die Betzeise
auf der Vogelflugschneise?
Warum wohnt die Staublaus
in unserem Einfamilienhaus?

Antwort: Der Sinn gerinn´,
im Uhrzeigersinn,
der Wahrheit bunt Gewand,
liegt dem Narren auf der Hand.

Der Nieswurz Natz,
oh kostbar Schatz,
wem´s fehlt, der hat´s.

Un-Sinn

Das Verseschmieden fürs Gedicht
gleicht nicht jenem Schnellgericht,
dem, aufgewärmt in Kürze,
vor allem fehlt die Würze.

Dichter Frohnutz jongliert die Worte:
»Unke, Schunkeln, Hutzel, Torte.«

Und in der Stub verqualmte Luft
zieht schon ein der Zirkusduft.
Hagen reimt:
»Wenn Unken unken,
zieht der Hurzel draus die Wurzel«,
und denkt:
»Fehlt dem Reim auch jeder Sinn,
liegt eben im Unsinn
der Gewinn.«

Groteske Gedichte

Liebesgedicht für einen Stuhl

Oh, wie ich dich liebe!
Und du liebst mich!
Welche Treue uns geleitete, königlich –
ich wünscht', dass es immer so bliebe,
ewiglich! Und bekenne unumwunden:
Du trugst mich auch in schweren Stunden.
Wir waren uns immer so nah –
seit jenem Moment, da ich dich sah.
Und auch in heiteren Zeiten
ließen wir uns nicht verleiten.

Nie wurdest du mein Sündenpfuhl.
Trotz der vielen intimen Berührungen
nicht. Wir widerstanden allen Verführungen!
Ich lieb dich so vierbeinig, wie du bist: mein Stuhl.

Seifenblase

Eine Seifenblase,
die sich ohne Zwang
und behände in die Lüfte schwang,
flog über Stadt und Feld
um die runde Welt.

Immer wenn sie runterkam,
ein Kind sie behutsam nahm,
und mit Hilfe seiner Puste
sie dann weiterwusste.

Erst in Wu-Han ein Junge patzte,
dass die Seifenblase platzte.

Das Einhorn

Die Unke unkt
zur Vollmondstund.
Welch majestätische Gestalt –
ein Einhorn schreitet durch den Wald.

Die Nacht ist kalt und klar.
Die Rehe stehen ehrerbietend da.
Welch majestätische Gestalt –
ein Einhorn schreitet durch den Wald.

Stumm und starr das Wurzeltier,
acht Hasen stehen im Spalier.
Welch majestätische Gestalt –
ein Einhorn schreitet durch den Wald.

Die verliebte Zeise

Im Sternental, im Farnengrund
sang die Zeise zur Morgenstund
ein Frühlingslied, tat ringsum kund,
dass sie den Zeisig liebt.
Den Zeisig hat sie nicht betört,
doch einen Habicht aufgestört.

(Ob es da noch Gnade gibt?)

Das Zahntier

Im Rabengrund zur Spinnenstund
das Zahntier auf dem Mondstein stand.
Da kam vorbei der Höllenhund
und nahm es mit nach Gletscherland.
Im fernen Land, oh Schreck, oh Graus,
sein Stall da steht im Wolkenhaus.

Ganz nahe schon am Himmelsrand.

Der Specht

»Herein, herein«,
ruft das kleine Buchenschwein.
Es erwartet in der Buche
Verwandtschaft zu Besuche.

»Tok, tok«, klopft der Specht
gegen die große Buche;
denn die kommt ihm grad recht.

»Tok, tok«, klopft der Specht.
»Herein, herein!«,
ruft das kleine Buchenschwein.

»Tok, tok«, »Herein, herein«,
so geht es jetzt tagaus, tagein.
Denn Klopfen ist das einzige Pläsir
für das bunte Vogeltier.

Der Kobold

Wenn ein Kobold stirbt
im Farnennest im dunklen Tann,
der Wald einen tiefen Schmerz gebiert.
Die Nacht wird zum Triebgewann
fürs wilde Tier.

Wirr starrt der Steinstier
in die kalte Nacht.
Der große Uhu ruft zur Todesstund.
Und unter dem Vollmondrund
schläft der Kobold ein – ganz sacht.

Sauna

Da der Sand durch die Sanduhr rinnt, unaufhaltsam-
trocken,
bleib ich im tiefsten Winter bei 90 Grad noch hocken.
»Was'n Glück, dass wir nicht auf den Bermudas sind!«,
ruf ich nass geschwitzt, freu mich wie ein Kind
und nackt wie ein Baby – auf ein paar Schneeflocken.

Die Erfindung des Korkenziehers

Im Pleistozän geriet ein Hirschsteinbock in Zorn,
doch verfehlte er um Zentimeter nur des Buhlen Becken
und stieß sein gedrehtes Horn
in eine Korkeich und blieb dort stecken.

Jahrtausende später fand Jorge Esteban das Horn nebst
skeletiertem Tier,
nahm es mit nach Hause als Souvenir
und hat nach einiger Zeit den praktischen Nutzen erkannt –
woraufhin er den Korkenzieher erfand.

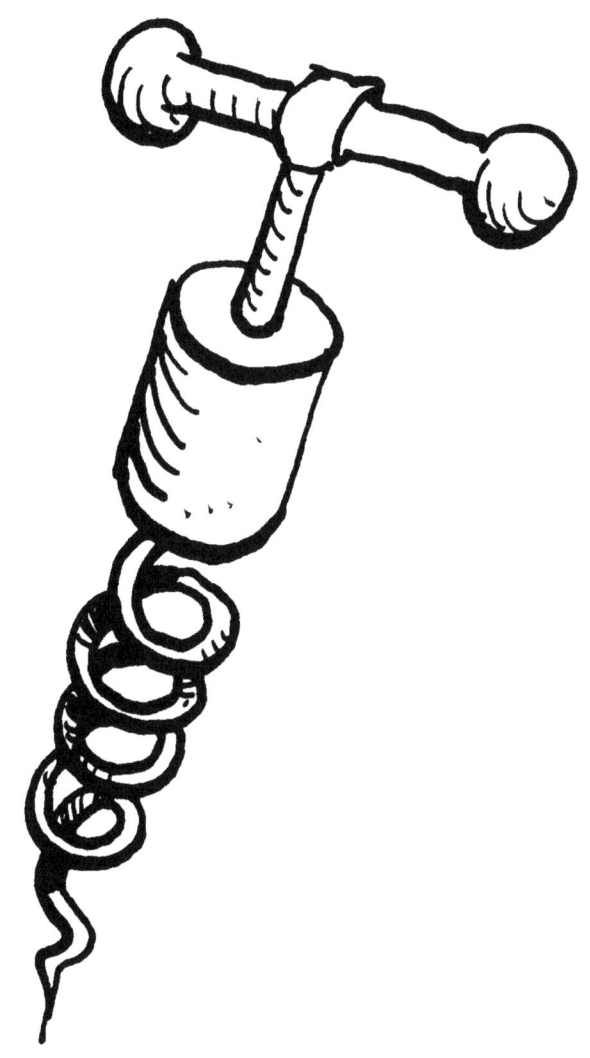

»Die Philosophen haben die Welt nur verschieden interpretiert, es kommt aber darauf an, sie zu verändern.« (Karl Marx, XI. Feuerbach-These)

.

Die Philosophen

Können die Philosophen in den vielen Ländern
überhaupt die Welt verändern?
Können sie die denn richtig interpretieren?

Jedenfalls, im Gegensatz zu den Tieren
– wie schon Kant fand –,
erkennen sie den Gegenstand
und können daher in ein Becken urinieren.

(Im Jahr 1997 hat Herr Siegmar Hauch den Bumerang in Belarus eingeführt)

Bumerang

Siggi warf den Bumerang,
der sich in den Himmel schwang.
Bumerang sodann verschwand,
da er Gefallen an der Freiheit fand.
Ahnte nicht, dass Siggi litt,
wie er durch die Lüfte glitt.

Erst als er einen Seufzer hörte,
Bumerang dann in sich kehrte,
vollbrachte noch im Flug die Wende
und fand an Siggis Kopf das Ende.

Eistanz

Müller fand im Eistanz sein sportliches Engagement
und wollte zu einem Paarlaufwettbewerb nach *Wien*.
Das einzige Problem: Seine Partnerin war eine
                    Pinguin-
Frau. Das widersprach dem Reglement.

Dennoch tanzte Müller dort zur Schau
einen heißen Eistanz mit der Pinguin-Frau.
Die schwebte auf dem Eis,
machte eine Achtfach-Pirouette,
drehte sich im allerkleinsten Kreis,
brachte tosenden Beifall in diese Stätte.

Auch Müller tanzte mit der Pinguinin elegant und
ungeniert.
Das Sportgericht hat das schöne Paar dennoch disqualifiziert.

Humorverlust

Humorverlust

Als er seine Arbeit verlor
in einer Firma,
die ein Produkt
mit großem Freizeitwert produzierte,
sagte man ihm, dass Humor,
verabreicht in homöopathischen Dosen,
die beste Medizin sei.

Als er seine Liebste verlor,
sagte man ihm, dass Humor,
verabreicht in homöopathischen Dosen,
die beste Medizin sei.

Als er seinen Humor verlor,
erfuhr er, dass es keinen Humor
in Dosen gibt.

Abwesenheit des Krieges

Als ich meinen Großvater sah
mit dem vernarbten Loch in der rechten Brust,
dachte ich an die schon lange
Abwesenheit des Krieges in unserem Land.

Als ich meinen Vater sah,
mit dem vernarbten Loch in der rechten Brust
und dem Stummel seines amputierten Beines,
dachte ich an die lange
Abwesenheit des Krieges in unserem Land.

Als ich das Bild des kleinen Ali aus Bagdad sah
mit den beiden Armstummeln auf dem Krankenbett,
dachte ich an die Abwesenheit des Krieges in unserem
Land.

Wenn ich bedenke, in welchen Ländern sich wieder deutsche
Soldaten befinden …

Die Bilanz des Krieges

Zuerst fällt die Wahrheit,
dann fällt die Gerechtigkeit,
dann fallen die Väter, die Geschwister, die Mütter,
dann fällt die Zukunft.

Und als die Sieger die Bilanz des Krieges zogen,
gab es für die Kinder der Besiegten bereits keine Zukunft
mehr,
weil die Schrecken der Gegenwart so schwer wogen,
dass sie keinen Blick mehr in die Vergangenheit gestatteten.

Buchstabenstapel

GEFÄHRLICHES SPIEL MIT FEUER UND BÜCHERN
Du bildest Buchstabenstapel
und denkst an die Bücherstapel,
die sie zusammentrugen, weil Bücher
nur brennbare Einbände und Papier waren.

SPIEL MIT WÖRTERN UND FEUER
Du bildest Buchstabenstapel
und denkst an die Wortstapel,
deren leere Hülsen sie täglich zusammentragen,
weil sie so gerne mit Schwafelhölzchen zündeln.

SPIEL
Du bildest Buchstabenstapel,
weil sich reisigtrockene Konsonanten
HT
THT
HTHT
THTHT
HTHTHT
STAPELN

Heiligenschein

Heiligenschein

    Scheine heilig

          Heile eilig

Scheine

    Heilige Scheine

    Scheine heilig

Scheinheilig

Scheinheiligenschein

Post-Postzeitalter

ich bekam keine Post mehr

      Post Moderne

          Post
                Industial
                         Post
          Dadaismus

                Post
        post filialen   schließen

           Post Postzeitalter